liebe ist...

DAS KOCHBUCH

KNACKIG, HEISS & SAFTIG

liebe ist...

DAS KOCHBUCH

KNACKIG, HEISS & SAFTIG

KOMET

© KOMET Verlag GmbH, Köln
Alle Rechte vorbehalten
Titelfoto: TLC Fotostudio
Rezeptfotos: Studio Klaus Arras, Köln
Gestaltung: hassinger & hassinger & spiler, visuelle konzepte
Gesamtherstellung: KOMET Verlag GmbH, Köln

ISBN 978-3-86941-038-8

ganz schön zart –
raffinierte Fischgerichte
für den großen Fang

ganz schön süß –
Desserts als
Snack danach

Leichtes Essen, das nicht nur traumhaft lecker,
sondern auch unverschämt sinnlich ist?
Probieren Sie unsere erotischen Rezepte,
die mit aphrodisierenden Zutaten zubereitet werden
wie beispielsweise Chili, Ingwer und Muskatnuss.
Unsere Gerichte für Genießer können problemlos vor, bei oder nach
jeglicher Form von Liebesbezeugung zu sich genommen werden –
beim romantischen Candle-Light-Dinner
oder beim sexy Picknick auf dem eigenen Bett!

Ganz schön knackig – frische Salate zum Anmachen
Ganz schön heiß – leckere Suppen als Vorspiel
Ganz schön saftig – herzhafte Fleischgerichte zum Anbeißen
Ganz schön zart – raffinierte Fischgerichte für den großen Fang
Ganz schön süß – köstliche Desserts als Snack danach

Wir wünschen Ihnen einen guten Appetit!

ganz schön knackig –
frische Salate
zum Anmachen

9

Obst mit feinem Schinken

ganz schön knackig

Für 4 Portionen

900 g geräucherter Schinken
1 Stange Lauch
2 Pomelos
2 rosa Grapefruits
2 Feigen
4 Kaffir-Limetten
2 Kaffir-Limettenblätter
1 Stängel Zitronengras
4 El Erdnussöl
je 1 Prise Kardamom-, Anis-,
    Nelken- und Ingwerpulver
dünne Limettenscheiben
    zum Garnieren

Zubereitungszeit: ca. 30 Minuten

❤ Den Schinken in Streifen schneiden. Den Lauch putzen, waschen und in dünne Ringe schneiden. Die Pomelos und die Grapefruits so schälen, dass die weiße Haut entfernt wird. Anschließend die Filets vorsichtig heraustrennen.

❤ Die Feigen waschen und in Spalten schneiden, die Kaffir-Limetten waschen, schälen und die Schale fein hacken. Die Blätter waschen und ebenfalls fein hacken. Das Zitronengras putzen, waschen und fein hacken.

❤ Das Öl in einem Wok erhitzen und den Schinken darin anbraten. Nach ca. 3 Minuten Pomelos, Grapefruits, Limettenschale, -blätter, Feigen und Zitronengras dazugeben. Alles mit den Gewürzen abschmecken. Nach ca. 8 Minuten in einem Schälchen anrichten und mit den Limettenscheiben garniert servieren.

liebe ist...

...die geheime Zutat

Fenchel-Möhren-Salat

Für 4 Portionen

3 mittelgroße Fenchelknollen
4 Möhren
3 El Zitronensaft
4 Scheiben Vollkorntoast, gewürfelt
2 El Kräuteröl
200 g Kefir
2 El Milch
1–2 Tl Tomatenmark
1 El süßer Senf
100 g Feta-Käse nach Belieben
Salz, Pfeffer
1/2 Bund Basilikum

Zubereitungszeit: ca. 35 Minuten

Den Fenchel putzen, waschen und nicht zu fein hobeln. Die Möhren putzen, waschen, schälen und ebenfalls hobeln. Fenchel und Möhren mischen und mit 2 El Zitronensaft beträufeln.

Kräuteröl in einer Pfanne erhitzen, die Brotwürfel knusprig braun rösten und anschließend auf Küchenpapier abtropfen lassen. Für die Sauce den Kefir mit Milch, Tomatenmark und Senf verrühren. Den Käse nach Belieben zerbröseln und unterrühren. Mit Salz, Pfeffer und 1 El Zitronensaft abschmecken. Das Basilikum waschen, trocknen und in Streifen schneiden.

Das Gemüse mit der Sauce vermischen, auf Tellern anrichten und mit Basilikumstreifen und Croûtons garniert servieren.

liebe ist...

...von ihm zu träumen

13

Gemüsesalat mit Salzzitrone

Für 4 Portionen

3 grüne Paprikaschoten
2 Auberginen
2 Eier
1 El Obstessig
Salz
150 ml Pflanzenöl
1/2 eingelegte Salzzitrone
150 g grüne Oliven ohne Stein
2 El Olivenöl
Saft von 1 Zitrone
Pfeffer
1 El gehackte glatte Petersilie

Zubereitungszeit: ca. 30 Minuten
(plus Back- und Bratzeit sowie Zeit
zum Ziehen für die Salzzitronen)

ganz schön knackig

♥ Den Backofen auf 180 °C (Umluft 160 °C) vorheizen. Die Paprika waschen, trocken tupfen, im Ofen etwa 20 Minuten backen, bis die Schale schwarz wird und Blasen wirft. Paprika herausnehmen, abkühlen lassen und häuten, dabei die Kerne entfernen. Dann die Schoten in Stücke schneiden.

♥ Die Auberginen putzen, waschen und trocknen. Anschließend in kleine, etwa 1 cm große Würfel schneiden. Die Eier trennen, die Eiweiße verquirlen und mit Essig und 1/2 Tl Salz mischen.

♥ Die Auberginen darin wenden und in heißem Pflanzenöl ausbacken. Aus der Pfanne nehmen und auf Küchenpapier abtropfen lassen. Die Salzzitrone schälen, die Schale waschen und trocken tupfen. Zitronenschale in kleine Würfel schneiden. Die Oliven abtropfen lassen.

♥ Paprika, Auberginen, Zitronenschale und Oliven in einer Schüssel mischen. Aus Olivenöl, Zitronensaft, Salz und Pfeffer ein Dressing bereiten und darübergießen. Mit Petersilie bestreut servieren.

SALZZITRONEN

♥ Die Zitronen gründlich waschen, in jede Zitrone 5 Längsschnitte machen und die Schnitte mit grobem Salz füllen.

♥ Die Zitronen in ein hohes, hitzebeständiges Glasgefäß geben und mit kochendem Wasser übergießen. Mit Öl bedecken und 3 Wochen ziehen lassen.

liebe ist...

...ihn in Urlaubsstimmung zu bringen

♥ 15

Lombardischer Pilzsalat

Für 4 Portionen

400 g Steinpilze
200 g Pfifferlinge
200 g Austernpilze
1 rote Chilischote
1 Knoblauchzehe
1 Bund Petersilie
10 El Olivenöl
Salz
Pfeffer aus der Mühle
2 El Zitronensaft
250 g Rucola
2 El Aceto balsamico
1 El Waldhonig

Zubereitungszeit: ca. 40 Minuten

♥ Mit einem Pinsel den Sand von den Pilzen entfernen. Die Steinpilze vierteln und in Stücke schneiden.

♥ Große Pfifferlinge halbieren. Die Austernpilze in Stücke schneiden. Die Chilischote putzen, waschen und fein hacken.

♥ Die Knoblauchzehe schälen und fein hacken. Die Petersilie waschen, trocken schütteln und in Streifen schneiden.

♥ 8 El Öl in einer Pfanne erhitzen und die Pilze darin andünsten. Die Chilischote, den Knoblauch und die Petersilie dazugeben. Mit Salz, Pfeffer und Zitronensaft abschmecken. Das Ganze ca. 4 Minuten ziehen lassen.

♥ Den Rucola putzen, waschen, trocken schleudern und die Stiele abschneiden. Essig und restliches Olivenöl mit dem Honig in einer Schüssel verrühren. Mit Salz und Pfeffer kräftig abschmecken.

♥ Rucola und Salatdressig miteinander vermengen. Die Pilze aus der Pfanne nehmen und etwas abtropfen lassen.

♥ Den Rucola auf Tellern anrichten, die Pilze darauf verteilen und servieren.

liebe ist...

...gemeinsam Pilze zu suchen

17

liebe ist...

...wenn es auch mal exotisch wird

18

ganz schön knackig

💚 Den Bulgur in 1/2 l Wasser etwa 10 Minuten kochen, dann vom Herd nehmen und weitere 20 Minuten quellen lassen.

💚 Die Petersilie und Minze waschen, trocken schütteln und hacken. Die Gurke schälen und in feine Würfel schneiden. Frühlingszwiebeln putzen, waschen und fein hacken.

💚 Die Tomaten waschen, die Stielansätze entfernen und das Fruchtfleisch fein würfeln.

💚 Den Bulgur mit einer Gabel auflockern. Mit dem Gemüse und den Kräutern in einer Schüssel vermischen.

💚 Zitronensaft und Öl mit Salz und Pfeffer mischen und den Gemüsesalat damit überziehen. Mindestens 1 Stunde durchziehen lassen, dann nochmals gut durchrühren und servieren.

Tabbouleh

Für 4 Portionen

200 g Bulgur
1 Bund glatte Petersilie
4 Zweige frische Minze
1/2 Schlangengurke
4 Frühlingszwiebeln
2 Fleischtomaten
Saft von 2 Zitronen
4 El Olivenöl
Salz
Pfeffer

Zubereitungszeit: ca. 20 Minuten
(plus Zeit zum Quellen und Ziehen)

19

Spinatsalat mit Pfirsich

ganz schön knackig

♥ Spinat putzen, dabei dicke Stiele entfernen, gründlich waschen und in Salzwasser 1 Minute kochen. Den Spinat abgießen, mit kaltem Wasser abschrecken. Erst abtropfen lassen, dann leicht ausdrücken und grob schneiden. Wenn Sie TK-Spinat verwenden, diesen nach Packungsanweisung auftauen und ausdrücken.

♥ Sesam in einer Pfanne ohne Fett unter ständigem Rühren rösten, bis er duftet. Brie in Würfel schneiden. Pfirsiche waschen, halbieren, dabei den Stein entfernen. Pfirsichhälften in Spalten schneiden und mit wenig Zitronensaft beträufeln.

♥ Restlichen Zitronensaft mit Salz, Pfeffer und Muskat verrühren, dann das Rapsöl zugeben und kräftig abschmecken. Spinat, Briewürfel, Sesam und Pfirsich mit der Sauce mischen und auf 4 Teller verteilen.

Für 4 Portionen

500 g frischer Blattspinat
  (oder 450 g TK)
2 El Sesam
200 g Brie
2 Pfirsiche
3 El Zitronensaft
8 El Rapsöl
Salz
Pfeffer
Muskat

Zubereitungszeit: ca. 20 Minuten

liebe ist...

...etwas ganz Besonderes

21

Rindfleischsalat

ganz schön knackig

Für 4 Portionen

1 großer Kopfsalat
2 Möhren
1 gelbe Paprikaschote
150 g Cherrytomaten
200 g Steakfleisch
Salz, Pfeffer
2 El frisch gehacktes Basilikum
75 g fettarmer Naturjoghurt
50 ml Buttermilch
3 El frisch geriebener Parmesan
3 El fein gehackte Zwiebel
3 El Mayonnaise
2 El frisch gehackte Petersilie
1 El Weißweinessig
1 zerdrückte Knoblauchzehe

Zubereitungszeit: ca. 35 Minuten
(plus Bratzeit)

liebe ist...

💛 Salat waschen, trocken schleudern und die Blätter in Stücke zupfen. Möhren waschen, schälen und in mundgerechte Stifte schneiden.

💛 Paprika putzen, waschen und in Würfel schneiden. Tomaten waschen und halbieren. Gemüse auf 4 Teller verteilen.

💛 Fleisch in Streifen schneiden. Eine beschichtete Pfanne erwärmen und leicht einfetten. Fleischstreifen darin 2–3 Minuten von allen Seiten anbraten, bis das Fleisch noch rosa ist.

💛 Pfanne vom Herd nehmen und das Fleisch mit Salz und Pfeffer würzen. Basilikum einrühren. Die warmen Fleischstreifen auf das Gemüse legen.

💛 Aus Joghurt, Buttermilch, Parmesan, Zwiebel, Mayonnaise, Petersilie, Essig, Knoblauch, Salz und Pfeffer ein Dressing bereiten und zum Fleisch servieren.

...ihn zu erobern

23

liebe ist...

...immer an ihn zu denken

💚 In einem Topf 3 l Salzwasser zum Kochen bringen. Die Nudeln darin nach Packungsanweisung bissfest garen.

💚 Die Zuckerschoten waschen, die Enden abschneiden und die Schoten in kochendem Salzwasser kurz blanchieren. In ein Sieb gießen, unter kaltem Wasser abschrecken und abtropfen lassen.

💚 Die Paprika putzen, waschen, halbieren, entkernen und klein schneiden.

💚 Die Frühlingszwiebeln putzen, waschen und in feine Ringe schneiden. Die Kräuter waschen, trocknen und fein hacken.

💚 Die Nudeln abgießen und abtropfen lassen. Den Joghurt mit Sahne und Meerrettich verrühren. Mit Salz und Pfeffer abschmecken.

💚 Das Dressing mit dem Gemüse vermischen. Die Nudeln unterheben und den Salat lauwarm servieren.

24

ganz schön knackig

Grüner Pastasalat

Für 4 Portionen

Salz
250 g Gabelspaghetti
100 g Zuckerschoten
1 rote Paprika
1 Bund Frühlingszwiebeln
1/2 Bund Dill
1/2 Bund Basilikum
1 Bund glatte Petersilie
4 El Joghurt
4 El Sahne
1 El Meerrettich
Pfeffer

Zubereitungszeit: ca. 30 Minuten
(plus Kochzeit)

Möhren-Orangen-Salat

26

ganz schön knackig

♥ Eine Orange schälen und würfeln, die andere Orange auspressen. Die Möhren waschen, schälen und reiben.

♥ Die Orangenwürfel und den -saft, die geriebenen Möhren mit Zucker, Zimt und Orangenblütenwasser vermengen. Den Salat mit Salz abschmecken, kalt stellen und gut durchziehen lassen.

♥ Den Salat auf Tellern oder Schälchen anrichten und mit Minzblättchen garniert servieren.

Für 4 Portionen

2 Orangen
500 g Möhren
2 El Zucker
1/2 Tl Zimt
Salz
1 Tl Orangenblütenwasser
Minzblättchen zum Garnieren

Zubereitungszeit: ca. 20 Minuten
(plus Zeit zum Durchziehen)

liebe ist...

...wenn es prickelt

27

liebe ist...

...gemeinsam durch dick
und dünn zu gehen

ganz schön knackig

Garnelensalat mit Minze

♥ Die Garnelen in kochendes Wasser geben und ca. 5 Minuten darin gar ziehen lassen. Anschließend die Schalen aufbrechen, das Fleisch herauslösen und den Darm entfernen.

♥ Das Fruchtfleisch der Melonen mit einem Kugelausstecher herauslösen.

♥ Den Zitronensaft mit Honig, gewaschener und trocken getupfter Minze, Zucker und Öl verrühren.

♥ Die Melonenbällchen mit den Garnelen dekorativ anrichten und mit der Sauce beträufeln. Alles mit den Cashewkernen oder etwas beiseitegelegter Minze nach Belieben garnieren.

Für 4 Portionen

Garnelen (ca. 1 kg)
400 g Wassermelone
300 g Honigmelone
Saft von 1 Zitrone
2 El Akazienhonig
20 Blättchen Minze
1 El Zucker
3 El Traubenkernöl
50 g Cashewkerne

Zubereitungszeit: ca. 45 Minuten

Granatapfel-Avocado-Teller

Für 4 Portionen

3 Granatäpfel
400 g helle Weintrauben
4 El Minzeblättchen
3 El Himbeeressig
2 El Olivenöl
3 El Grenadine
1 Tl Honig
Salz
Pfeffer
2 Avocados
2 El Zitronensaft

Zubereitungszeit: ca. 35 Minuten

♥ Die Granatäpfel quer halbieren und die Kerne herauslösen. Die Trauben waschen, trocknen, halbieren und entkernen.

♥ 2 El Minzeblättchen fein hacken. Essig, Öl, Grenadine, Honig und Minze verrühren und mit Salz und Pfeffer würzen.

♥ Die Avocados schälen, halbieren, die Kerne entfernen und das Fruchtfleisch in Spalten schneiden. Mit dem Zitronensaft beträufeln.

♥ Die Granatapfelkerne und die Trauben mit etwas Marinade vermischen.

♥ Zusammen mit den Avocadospalten auf Tellern anrichten, die restliche Marinade darüber verteilen und alles mit der restlichen Minze garniert servieren.

liebe ist...

ANKUNFT

...sie mit Spannung zu empfangen

31

liebe ist...

...*himmlisch*

ganz schön knackig

♥ Die Zuckerschoten putzen und 2 Minuten in etwas kochendem Salzwasser blanchieren. Die Möhren putzen, waschen, schälen und in dünne Scheiben schneiden.

♥ Die Pinienkerne in einer Pfanne ohne Fett goldbraun rösten. Basilikum waschen, trocknen und Blätter abzupfen.

♥ Für die Vinaigrette den Knoblauch schälen und durch die Presse drücken. Mit Balsamessig, Salz und 1 Prise Zucker verrühren. Das Öl unterrühren.

♥ Die vorbereiteten Zutaten mit der Vinaigrette vermengen und auf Tellern anrichten. Mit Baguette servieren.

Für 4 Portionen

300 g Zuckerschoten
Salz
300 g Möhren
25 g Pinienkerne
2 große Bund Basilikum
2 Knoblauchzehen
2 El Aceto balsamico
Zucker
6 El Olivenöl

Zubereitungszeit: ca. 30 Minuten

Basilikumsalat mit Zuckerschoten

liebe ist...

...wenn sie die Finger nicht
von ihm lassen kann

Garnelensalat mit frischer Mango

Für 4 Personen

1 große feste Mango
7 rote Thai-Zwiebeln
3 Knoblauchzehen
100 g Ingwerwurzel
5 rote Chilischoten
2 Korianderzweige
300 g rohe ungeschälte
Garnelen ohne Kopf
3 El Fischsauce

Zubereitungszeit: ca. 20 Minuten

♥ Die Mango schälen, in dünne Scheiben schneiden, dann fein würfeln. Zwiebeln und Knoblauch schälen und ebenfalls in feine Würfel schneiden. Den Ingwer schälen und in sehr feine Streifen schneiden.

♥ Chilischoten waschen, halbieren und die Kerne und Stielansätze entfernen. Den Koriander waschen, trocken tupfen und zusammen mit den Chilis hacken.

♥ Die Garnelen aus der Schale lösen, die Därme entfernen und Garnelen waschen. 1,5 l Wasser in einem Wok zum Kochen bringen, die Garnelen 1 Minute darin garen, dann abgießen und abtropfen lassen.

♥ Zwiebeln, Knoblauch und Chilis mit der Fischsauce verrühren. Mango, Garnelen und Ingwer hinzufügen und vermengen. Auf Schälchen verteilen und mit Koriander bestreut servieren.

ganz schön heiß –
leckere Suppen
als Vorspiel

Scharfer Kokos-Hühner-Topf

ganz schön heiß

Für 4 Portionen

1 Zwiebel
2 Knoblauchzehen
je 1 rote und grüne Chilischote
1 Stängel Zitronengras
1 Stück frischer Galgant (ca. 1 cm)
2 Tl rote Currypaste
1 El Erdnussöl
3 Kaffir-Limettenblätter
500 ml Hühnerbrühe
300 ml Kokosmilch
250 ml Sahne
etwas Fischsauce
etwas Limettensaft
600 g Hähnchenbrustfilets
125 g Champignons
2 Tomaten
3 Frühlingszwiebeln
etwas frischer Koriander

Zubereitungszeit: ca. 20 Minuten
(plus Garzeit)

♥ Zwiebel und Knoblauch schälen und fein hacken. Chili putzen, waschen und halbieren, Stielansatz und die Kerne entfernen und klein hacken. Zitronengras putzen, waschen und fein hacken. Galgant schälen und ebenfalls fein hacken.

♥ Alles Gemüse mit der Currypaste in dem Erdnussöl anbraten. Die gewaschenen Limettenblätter zufügen und die Hühnerbrühe dazugießen, 15 Minuten köcheln. Kokosmilch und Sahne unterrühren, 5 Minuten mitköcheln lassen. Mit Fischsauce und Limettensaft abschmecken.

♥ Hühnerbrust in Streifen schneiden. Champignons sauber bürsten und in Scheiben schneiden. Tomaten mit kochendem Wasser überbrühen, anschließend häuten, entkernen und klein würfeln. Frühlingszwiebeln putzen, waschen und klein schneiden.

♥ Alles zur Gewürzmischung geben und 5 Minuten darin garen lassen. Koriander waschen, trocken schütteln und die Blättchen von den Stielen zupfen. Den Hühnertopf mit Korianderblättern bestreut servieren.

liebe ist...

...wenn sie ihm auch Scharfes schreibt

39

liebe ist...

...ganz schön anregend

♥ Zwiebeln und Knoblauch schälen und fein hacken. Paprika putzen, waschen und halbieren, Stielansatz und Kerne entfernen und klein würfeln. Möhren schälen und ebenfalls klein würfeln.

♥ Das Öl in einem Topf erhitzen und die Zwiebeln darin andünsten, Knoblauch und Gemüse mitbraten. Alles mit Currypulver bestäuben und 1 Minute anschwitzen. Kokosraspel und Cayennepfeffer dazugeben, 1 Minute mitbraten.

♥ 900 ml Wasser und den Fischfond dazugießen und mit Salz und Honig abschmecken. Suppe zugedeckt bei mittlerer Hitze ca. 15 Minuten köcheln lassen.

♥ Petersilie waschen, trocken schütteln und klein hacken. Den Fisch waschen, trocken tupfen und in mundgerechte Stücke schneiden. Suppe fein pürieren, anschließend durch ein feines Sieb wieder zurück in den Topf geben.

♥ Suppe aufkochen, Fischstücke zugeben und ca. 5 Minuten gar ziehen lassen. Suppe nochmals abschmecken und die Petersilie unterrühren. Suppe mit gerösteten Kokosraspeln garniert servieren.

ganz schön heiß

Kokos-Suppe mit Seelachs

Für 4 Portionen

2 Zwiebeln
1 Knoblauchzehe
2 grüne Paprikaschoten
2 Möhren
4 El Öl
1–2 El Currypulver
75 g Kokosraspel
1 Msp. Cayennepfeffer
125 ml Fischfond oder
  Gemüsebrühe
Salz
1–2 Tl Honig
1 Bund glatte Petersilie
500 g Seelachsfilet
2 El geröstete Kokosraspel

Zubereitungszeit: ca. 30 Minuten
(plus Garzeit)

Garnelensuppe mit Ingwer

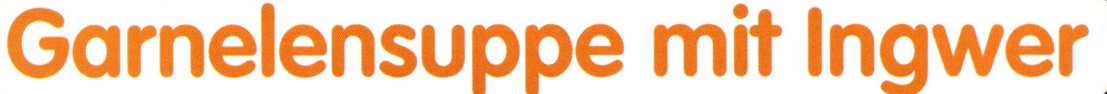

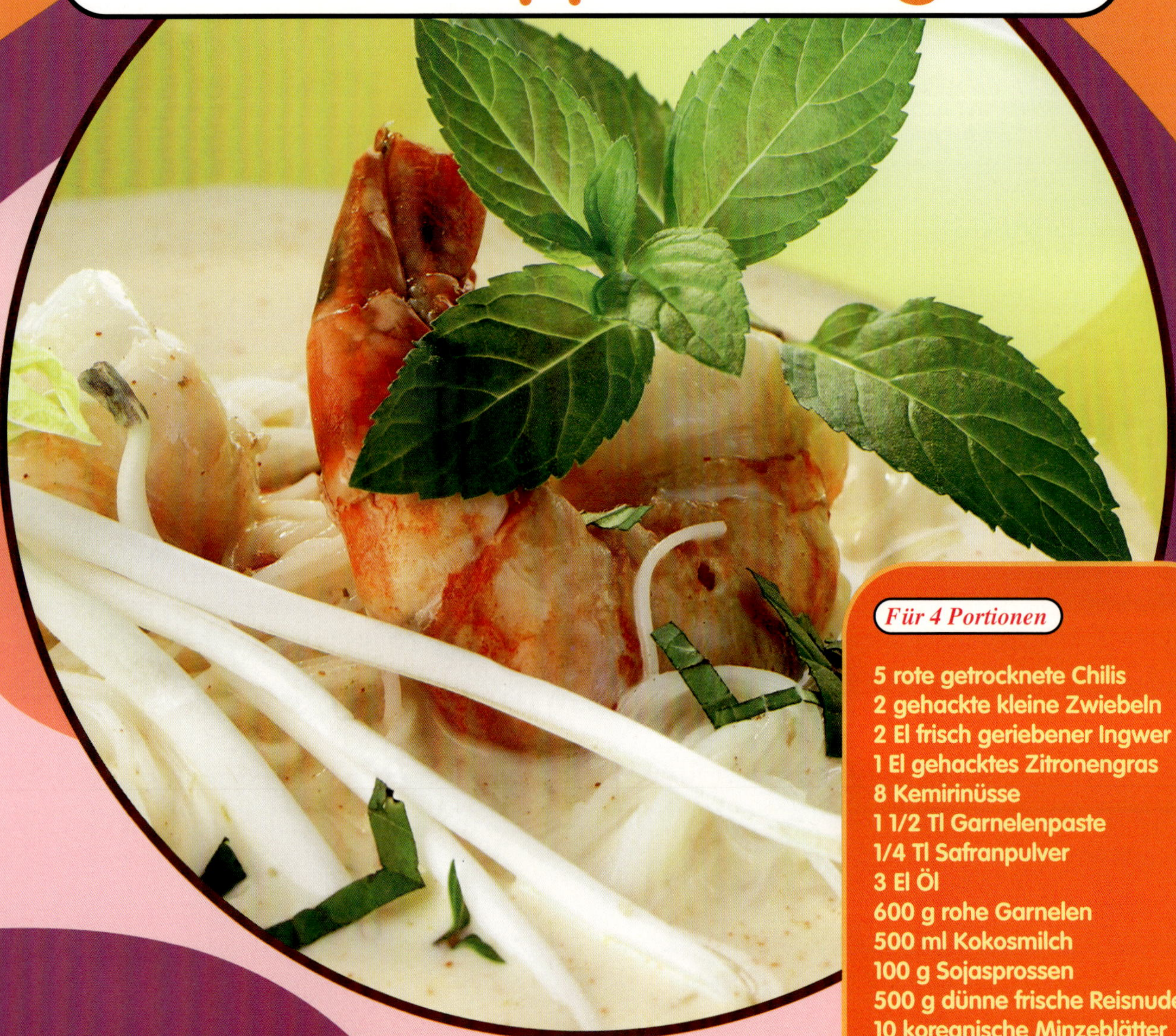

Für 4 Portionen

5 rote getrocknete Chilis
2 gehackte kleine Zwiebeln
2 El frisch geriebener Ingwer
1 El gehacktes Zitronengras
8 Kemirinüsse
1 1/2 Tl Garnelenpaste
1/4 Tl Safranpulver
3 El Öl
600 g rohe Garnelen
500 ml Kokosmilch
100 g Sojasprossen
500 g dünne frische Reisnudeln
10 koreanische Minzeblätter

Zubereitungszeit: ca. 25 Minuten
(plus Einweichzeit, plus Garzeit)

♥ Rote Chilis 15 Minuten in heißem Wasser einweichen. Abgetropft mit Zwiebel, Ingwer, Zitronengras, Nüssen, Garnelenpaste, Safran und 1 El Öl pürieren.

♥ Garnelen entdarmen und waschen. Die Köpfe und Schalen in 1 El Öl braten, bis sie dunkelorange sind. Mit 750 ml Wasser 30 Minuten offen köcheln. Herausnehmen und die Brühe durchsieben.

♥ Würzpaste in 1 El Öl in einem Wok 6 Minuten braten. Mit Garnelenbrühe und Kokosmilch 5 Minuten köcheln lassen. Garnelen mitkochen, bis sie sich rosa färben. Abgetropfte Sojasprossen darin erhitzen.

♥ Nudeln 30 Sekunden in kochendem Wasser ziehen lassen, abgetropft untermischen. Suppe anrichten, mit Garnelen und gewaschener Minze garnieren.

liebe ist...

...das beste Rezept für den Sieg

43

Spargelsuppe mit Garnelen

Für 4 Portionen

1 l Hühnerbrühe
300 g grüne Spargelspitzen
200 g Krabben oder Garnelen
4 Schalotten
1 El Öl
1 El Maismehl
2 El Fischsauce
Salz
Pfeffer
1 Ei
etwas Schnittlauch zum
  Garnieren

Zubereitungszeit: ca. 20 Minuten
(plus Kochzeit)

44

♥ Die Hühnerbrühe aufkochen lassen. Inzwischen den Spargel waschen und halbieren. Spargel in der kochenden Brühe etwa 5 Minuten garen, herausnehmen und beiseitestellen.

♥ Bei den Krabben den Darm entfernen. Die Krabben waschen und abtrocknen. Die Schalotten schälen und fein hacken.

♥ Das Öl in einem Wok erhitzen, Schalotten darin 2 Minuten andünsten. Spargel, Krabben und die Brühe dazugeben. Suppe 3 Minuten kochen lassen.

♥ Wok vom Herd nehmen. Maismehl mit etwas Wasser zu einer glatten Paste verrühren, zur Suppe geben und damit verrühren.

♥ Suppe wieder erhitzen und so lange kochen lassen, bis sie etwas eingedickt ist. Die Fischsauce unterrühren, salzen und pfeffern.

♥ Das Ei verquirlen und dazugeben. Ei in der Suppe kräftig verrühren, damit es Fäden zieht. Mit Schnittlauch bestreut servieren.

liebe ist...

...den Weg gemeinsam zu gehen

45

liebe ist...

...das richtige Rezept
zur richtigen Jahreszeit

♥ Die Schalotte schälen und fein hacken. Das Blattgemüse und die Kräuter putzen, waschen und trocken schütteln. Einige Kräuterblättchen zum Garnieren beiseitestellen. Die Kartoffeln schälen, waschen und würfeln.

♥ Die Gurke putzen, waschen, halbieren, mit einem Esslöffel die Kerne entfernen und die Gurke klein würfeln. Die Hälfte der Butter in einem Topf zerlassen, das Blattgemüse mit den Kräutern und den Gurkenwürfeln hinzugeben. Alles zugedeckt etwa 5 Minuten anschwitzen, Gemüse und Kräuter sollen aber nicht braun werden.

♥ 1,5 l Wasser zugießen, salzen, Kartoffelwürfel hinzugeben und 25 Minuten kochen.

♥ Nach Ablauf der Kochzeit die Suppe passieren. Mit dem Stabmixer die restliche Butter in Flöckchen und die Crème fraîche unterrühren. Mit Salz und Pfeffer abschmecken. Die Suppe anrichten und mit Kräuterblättchen garniert servieren.

ganz schön heiß

Französische Kräutersuppe

Für 4 Portionen

1 Schalotte
150 g Sauerampfer
100 g Blattspinat
1 Bund Sellerieblätter
1 Bund Brunnenkresse
1 Bund Kerbel
1 Bund glatte Petersilie
1 kg mehlig kochende Kartoffeln
1 1/2 Salatgurken
200 g Butter
grobes Meersalz
3 El Crème fraîche
frisch gemahlener Pfeffer

Zubereitungszeit: ca. 30 Minuten
(plus Kochzeit)

47

liebe ist...

...*auch mal gemeinsam feiern zu gehen*

ganz schön heiß

Für 4 Portionen

500 g Kartoffeln
1 Bund Suppengemüse
1 Zwiebel
40 g Butter
1 Tl getrockneter Majoran
800 ml Gemüsebrühe
300 g Kräuterseitlinge
1 El Öl
Salz, Pfeffer
Muskatnuss
200 ml Sahne
1 El Zitronensaft
2 El Kerbelblättchen

Zubereitungszeit: ca. 25 Minuten
(plus Kochzeit)

Kartoffel-Schaumsuppe

❤ Die Kartoffeln, das Suppengemüse und die Zwiebel schälen bzw. putzen, waschen und klein würfeln. Etwa die Hälfte der Butter zerlassen. Das Gemüse darin andünsten. Den Majoran hinzugeben.

❤ Die Brühe hinzugießen, aufkochen und etwa 30 Minuten kochen lassen, bis das Gemüse weich ist. Inzwischen die Kräuterseitlinge putzen, säubern und in dünne Scheiben schneiden.

❤ In einer Pfanne die restliche Butter mit dem Öl erhitzen und die Pilze darin etwa 5 Minuten braten. Mit Salz und Pfeffer würzen.

❤ Die Suppe pürieren, mit Salz, Pfeffer und Muskatnuss würzen, 10 Minuten weiterköcheln lassen. Die Sahne steif schlagen. Den Zitronensaft und die Schlagsahne unterheben. Die Suppe mit Pilzen und Kerbel anrichten und servieren.

liebe ist...

...wie ein Vulkan

ganz schön heiß

♥ Die Zwiebel und die Knoblauchzehe schälen und fein hacken. Die Kartoffeln schälen und in Scheiben schneiden. Staudensellerie putzen und ebenfalls in Scheiben schneiden.

♥ Das Öl in einem ausreichend großen Topf erhitzen und die Knoblauch- und Zwiebelwürfel mit den Kartoffelscheiben darin anbraten. Die Selleriescheiben und den Salbei dazugeben und kurz mitanbraten. Das Ganze mit der Brühe auffüllen und die Suppe bei mittlerer Hitze ca. 20 Minuten köcheln lassen.

♥ Die Tomaten kreuzweise einritzen, mit kochendem Wasser überbrühen, enthäuten und in Achtel schneiden. Die Suppe mit Salz und Pfeffer abschmecken. Die Tomaten hineingeben und kurz erwärmen. Die Suppe mit Petersilie und Parmesan bestreut servieren.

Italienische Kartoffelsuppe

Für 6 Portionen

1 Zwiebel
1 Knoblauchzehe
500 g Kartoffeln
3 Stangen Staudensellerie
2 El Olivenöl
1 Tl gerebelter Salbei
1 l Fleischbrühe
300 g Tomaten
Salz
Pfeffer
1 El gehackte Petersilie
50 g geriebener Parmesankäse

Zubereitungszeit: ca. 25 Minuten
(plus Garzeit)

51

ganz schön saftig

ganz schön saftig –
herzhafte **Fleischgerichte**
zum **Anbeißen**

53

Reis mit Hähnchenbrust

ganz schön saftig

♥ Reis in einer Pfanne ohne Fett anrösten. Abgekühlt in einer Getreidemühle nicht zu fein mahlen.

♥ Fond mit Reiswein und Sojasauce erhitzen. Zitronengras putzen, waschen, klein schneiden und mit dem Fünf-Gewürz-Pulver unterrühren. Rübchen schälen und würfeln. Bohnen putzen, waschen und klein schneiden. Alles in den kochenden Fond geben und ca. 7 Minuten ziehen lassen. Herausnehmen und abtropfen lassen.

♥ Das Öl im Wok erhitzen und Fleisch darin anbraten. Die Bittermelone würfeln und mit Gemüse und Pinienkernen zum Fleisch geben. 3 Minuten braten. Reis unterrühren und alles mit Entensauce abschmecken.

Für 4 Portionen

250 g Rundkornreis
300 ml Asiafond
5 El Reiswein
5 El Sojasauce
2 Stängel Zitronengras
2 El Fünf-Gewürz-Pulver
4 Teltower Rübchen
200 g Schlangenbohnen
2 Hähnchenbrustfilets in Scheiben
5 El Sesamöl
200 g Bittermelone
3 El Pinienkerne
4 El Entensauce

Zubereitungszeit: ca. 30 Minuten
(plus Röst-, Gar- und Bratzeit)

liebe ist...

...wenn der Umgang vertraut ist

55

Putenragout mit Kokos

ganz schön saftig

♥ Das Putenbrustfilet waschen, trocknen und in Streifen schneiden. Die Paprikaschote waschen, halbieren, entkernen und in Streifen schneiden.

♥ Die Frühlingszwiebeln putzen, waschen und in 5 cm lange Stücke schneiden. Das Basilikum waschen und trocknen. Die Blätter von den Stielen zupfen und die Hälfte fein hacken. Restliche Blätter zum Garnieren beiseitelegen.

♥ Die Kokosmilch im Wok aufkochen, das Fleisch und die Currypaste unterrühren und alles ca. 1 Minute köcheln lassen. Dabei ab und zu umrühren. Das vorbereitete Gemüse dazugeben und weitere 3 Minuten köcheln lassen. Gehacktes Basilikum, Sojasauce und Zucker dazugeben und abschmecken.

Für 4 Portionen

600 g Putenbrustfilet
1 rote Paprikaschote
250 g Frühlingszwiebeln
1 Bund Basilikum
400 ml ungesüßte Kokosmilch
1 El rote Currypaste
2 El Sojasauce
1 El Zucker

Zubereitungszeit: ca. 20 Minuten
(plus Kochzeit)

liebe ist...

...an ihn zu denken

57

liebe ist...

...wenn zwei eine Verbindung eingehen

ganz schön saftig

♥ Das Hähnchenbrustfilet in etwa 2 cm große Stücke schneiden. Den Ingwer, die Schalotte und den Knoblauch schälen und fein hacken. Die Hälfte vom Ingwer mit Knoblauch, Sesamöl und 3 El Sojasauce verrühren. Das Zitronengras putzen, waschen und klein gehackt unterrühren.

♥ Hähnchenfleisch dazugeben und damit vermischen. Fleisch darin mindestens 3 Stunden, besser über Nacht zugedeckt im Kühlschrank marinieren lassen.

♥ Restlichen Ingwer mit Sambal Oelek, restlicher Sojasauce und Limettensaft verrühren. Frühlingszwiebeln putzen, waschen und in Ringe schneiden. Aprikosenkonfitüre mit den Frühlingszwiebelringen untermischen.

♥ In einem Wok das Öl erhitzen. Hähnchenfleisch darin unter Rühren garen. Über das fast gare Fleisch etwas von der Marinade träufeln. Fleisch mit der Sauce servieren.

Hähnchenbrust mit Aprikose

Für 4 Portionen

700 g Hähnchenbrustfilet
1 Stück frischer Ingwer
  (ca. 4 cm)
1 Schalotte
1 Knoblauchzehe
3 El helles Sesamöl
6 El helle Sojasauce
1 Stange Zitronengras
1/2 Tl Sambal Oelek
2 El Limettensaft
4 Frühlingszwiebeln
4 El Aprikosenkonfitüre
2–3 El Öl zum Braten

Zubereitungszeit: ca. 30 Minuten
(plus Marinierzeit)

Lammrücken mit Spinat

ganz schön saftig

♥ Das Lammfleisch in dünne Scheiben schneiden. Mit Curry, Kreuzkümmel und zerstoßenen Koriandersamen vermischen.

♥ Die Schalotten schälen und in feine Streifen schneiden, den Knoblauch schälen und fein hacken. Den Spinat putzen, waschen und trocken schütteln.

♥ Das Öl im Wok erhitzen, Schalotten und Knoblauch darin scharf anbraten, Chiliflakes zugeben. Danach das Fleisch und die Hoisin-Sauce zugeben und scharf anbraten. Den Spinat ebenfalls hinzufügen und zusammenfallen lassen. Mit etwas Wasser ablöschen und vorsichtig verrühren.

Für 4 Portionen

500 g Lammrücken
1 Tl Currypulver
1 Tl Kreuzkümmel
1 Tl Koriandersamen
3 Schalotten
2 Knoblauchzehen
400 g frischer Blattspinat
4 El Pflanzenöl
1/2 Tl Chiliflakes
1 Tl Hoisin-Sauce

Zubereitungszeit: ca. 25 Minuten

liebe ist...

...jeden Tag aufs Neue ein Geschenk

61

liebe ist...

*...wenn die Verbindung
exotisch bleibt*

♥ Hühnerflügel mit Salz und Pfeffer würzen. Sesamöl mit Honig verrühren und mit den Hühnerflügeln sorgfältig vermischen, 30 Minuten ziehen lassen.

♥ Das Pflanzenöl in einem Wok erhitzen und die Hühnerflügel darin auf jeder Seite 4 Minuten kräftig anbraten, bis sie fast gar sind.

♥ Wok vom Herd nehmen, Hähnchenflügel herausnehmen und warm halten. Orange heiß abwaschen, trocken reiben und die Schale abreiben. Die Orange auspressen.

♥ Zucker ohne Rühren langsam erhitzen, bis der Zucker karamellisiert, dann vom Herd nehmen. Orangensaft und Bratensud dazugeben. Bei geringer Hitze rühren, bis eine glatte Sauce entsteht. Eventuell noch etwas Wasser oder Orangensaft hinzugießen.

♥ Die Hälfte der geriebenen Orangenschale unterrühren und 3 Minuten leicht köcheln. Hühnerflügel anrichten, die Orangensauce über die Flügel gießen, alles mit der restlichen Orangenschale bestreuen und servieren.

Hühnerflügel mit Orange

Für 4 Portionen

12 Hühnerflügel
Salz
Pfeffer
3 El Sesamöl
4–5 El dünnflüssiger Honig
5 El Pflanzenöl
1 Orange
1 1/2 El Zucker

Zubereitungszeit: ca. 40 Minuten
(plus Marinierzeit)

63

Lammkoteletts mit Kartoffelsalat

Für 4 Portionen

1 kg kleine, vorwiegend fest
  kochende Kartoffeln
Salz
1 rote Zwiebel
3 El Weißwein-Essig
6 El Rapsöl
1 Tl mittelscharfer Senf
Pfeffer
150 g Brunnenkresse
1 kleines Bund Sauerampfer
8 Lammkoteletts
3 El Butterschmalz
Kapuzinerkresseblüten zum
  Garnieren

Zubereitungszeit: ca. 30 Minuten
(plus Marinier- und Garzeit)

ganz schön saftig

💜 Die Kartoffeln waschen und gründlich abbürsten, je nach Größe evtl. halbieren. In kochendem Salzwasser 20–25 Minuten kochen, abgießen, abschrecken und gut abtropfen lassen.

💜 Die Zwiebel schälen und fein hacken. Mit Essig, Öl, Senf, Salz und Pfeffer verrühren und die Kartoffeln darin 30–60 Minuten marinieren.

💜 Brunnenkresse und Sauerampfer putzen, waschen und in mundgerechte Stücke zupfen.

💜 Die Lammkoteletts mit Salz und Pfeffer einreiben. Im heißen Butterschmalz 2–3 Minuten von jeder Seite braten.

💜 Die vorbereiteten Kräuter unter den Kartoffelsalat heben, alles mit Salz und Pfeffer abschmecken und mit Blüten garnieren. Zu den Lammkoteletts servieren.

liebe ist...

...wenn man immer wieder sein Herz verschenkt

65

liebe ist...

...wenn man im Dickicht der Gefühle steckt

ganz schön saftig

♥ Die Pfifferlinge putzen, wenn nötig waschen, dann aber gut abtrocknen. Rehrückenfilet salzen und pfeffern.

♥ In einer Pfanne 2 Esslöffel Olivenöl erhitzen und die Filets von jeder Seite ca. 1 Minute anbraten. Im vorgeheizten Backofen auf der 2. Einschubleiste von unten bei 180 °C (Umluft 160 °C) ca. 7 Minuten garen. Dann aus dem Ofen nehmen, in Alufolie wickeln und bis zum Servieren ruhen lassen.

♥ Die Walnüsse in 2 Esslöffeln Nussöl unter Wenden kurz rösten, dann beiseitestellen. Aus Himbeeressig, Honig, restlichem Nussöl, Salz und Pfeffer eine Vinaigrette zubereiten.

♥ Die Pfifferlinge im restlichen Olivenöl bei starker Hitze scharf anbraten, ca. 7 Minuten weiterbraten, dann mit Salz, Pfeffer und Petersilie abschmecken.

♥ Den Rehrücken in Scheiben schneiden und auf die Teller verteilen. Die Walnüsse, die Pfifferlinge und die Preiselbeeren darübergeben und alles mit der Vinaigrette beträufeln.

Rehrücken mit Vinaigrette

Für 4 Portionen

300 g Pfifferlinge
500 g Rehrückenfilet
(küchenfertig)
Salz, Pfeffer
5 El Olivenöl
30 g Walnüsse
4 El Walnussöl
3 El Himbeeressig
40 g Tannenhonig
3 El gehackte Petersilie
2 El Preiselbeeren

Zubereitungszeit: ca. 30 Minuten
(plus Gar- und Bratzeit)

Rumpsteak mit Mojo verde

Für 4 Portionen

Für die Mojo verde
6 Knoblauchzehen
2 grüne Chilis
75 ml Sonnenblumenöl
50 ml Olivenöl
125 ml frisch gepresster
  Limettensaft
1-2 Tl Kreuzkümmelpulver
Salz, schwarzer Pfeffer
1 Bund Koriander

Für die Steaks
4 Rumpsteaks
Salz, Pfeffer
2 El Olivenöl
1 Gemüsezwiebel
1 Limette

Zubereitungszeit: ca. 40 Minuten
(plus Zeit zum Ziehen)

ganz schön saftig

liebe ist...

♥ Für die Mojo verde den Knoblauch schälen und fein hacken. Die Chilis längs halbieren, entkernen, waschen und hacken. Beide Ölsorten in einem Topf erhitzen und den Knoblauch darin hellbraun anschwitzen. Chilis, Limettensaft, Kreuzkümmel und je 1 Tl Salz und Pfeffer dazugeben. Einmal aufkochen lassen, dann auf Zimmertemperatur abkühlen lassen.

♥ Den Koriander waschen, trocken schütteln und die Blättchen von den Stielen zupfen. Blättchen hacken und in die Sauce geben. Mojo verde ca. 30 Minuten ziehen lassen und bei Bedarf nochmals abschmecken.

♥ Die Steaks salzen und pfeffern. Das Olivenöl in einer Pfanne erhitzen und das Fleisch darin von beiden Seiten ca. 4 Minuten braten. Die Gemüsezwiebel schälen und in Ringe schneiden. Die Steaks aus der Pfanne nehmen und warm halten. Die Zwiebelringe im Bratfett rösten. Die Steaks mit Zwiebeln, Mojo verde und Limettenachteln servieren.

...leichtsinnig sein

69

Rindfleisch mit Mango

ganz schön saftig

💚 Das Fleisch in Streifen schneiden. Den Spinat gut unter fließendem Wasser abspülen, trocken schütteln und in grobe Stücke schneiden. Die Mango schälen und das Fruchtfleisch in Stücke schneiden. Die Chilischoten waschen und in Ringe schneiden.

💚 Das Öl im Wok erhitzen und den Spinat und die Chilistücke scharf darin anbraten, dann herausnehmen. Im selben Öl das in Streifen geschnittene Fleisch scharf anbraten. Mit Soja- und Austernsauce ablöschen und gut verrühren.

💚 Danach die Mangostücke zum Fleisch geben. Zum Schluss den Spinat und die Chilis wieder hinzufügen und mit dem Fleisch vermengen. Mit Sweet-Sour-Sauce abschmecken und mit gezupften Thai-Basilikumblättern bestreut servieren.

Für 4 Portionen

500 g Rindfleisch
200 g Blattspinat
1 reife Mango
2 milde grüne Chilischoten
3 El Pflanzenöl
2 El Sojasauce
2 El Austernsauce
3 El Sweet-Sour-Sauce
1/2 Bund Thai-Basilikum, gewaschen

Zubereitungszeit: ca. 30 Minuten (plus Bratzeit)

liebe ist...

...sich die Liebe immer wieder anders zu zeigen

71

Geschmortes Lammcurry

Für 4 Personen

1 kg Lammkeule ohne Knochen
Salz
Pfeffer
6 El Öl
2 Zwiebeln
4 Knoblauchzehen
10 g Ingwer
2 Tl Sambal Oelek
3 Tl Kurkuma
1 1/2 Tl Galgantpulver
1 Tl Zimt
1 Prise Nelkenpulver
2 Tl Zucker
1 rote Chilischote
500 ml Kokosmilch
125 ml Kokoscreme
frischer Koriander

Zubereitungszeit ca. 20 Minuten

72

ganz schön saftig

♥ Das Fleisch in Würfel schneiden. Mit Salz und Pfeffer bestreuen. Öl in einer großen Pfanne oder im Wok erhitzen und die Lammfleischwürfel darin von allen Seiten gut anbraten. Herausnehmen und beiseitestellen.

♥ Zwiebeln und Knoblauch schälen und fein hacken, den Ingwer schälen und reiben. Im verbliebenen Bratfett 2–3 Minuten andünsten, dann an den Rand schieben, die Gewürze mit dem Zucker zufügen und 2 Minuten schmoren.

♥ Die Chilischote putzen, waschen, entkernen und in Ringe schneiden. In die Pfanne oder den Wok geben und Kokosmilch sowie -creme zugeben. Aufkochen lassen und unter Rühren etwa 10 Minuten köcheln, bis sich das Öl an der Oberfläche absetzt.

♥ Das Fleisch in die Kokosmilch-Mischung geben und etwa 1 Stunde bei mittlerer Temperatur und unter gelegentlichem Umrühren garen. Mit frischem Koriander bestreuen und mit Reis servieren.

liebe ist...

...gemeinsam auszugehen und Spaß zu haben

73

liebe ist...

...wenn sie ihm alle Sinne raubt

ganz schön saftig

♥ Rinderfilet waschen und trocken tupfen. Erst in sehr dünne Scheiben und dann in Streifen von etwa 4 cm Länge schneiden. Mit Salz vermengen. Chili putzen und waschen, dann in Streifen schneiden.

♥ Auberginen putzen, waschen und in 2 cm große Würfel schneiden. In Wasser legen. Thai-Basilikum waschen, trocken schütteln und Blätter abzupfen.

♥ Von der dickeren Schicht oben auf der Kokosmilch 4 El abnehmen und in einem Wok ca. 1 Minute kochen lassen, dann die Currypaste einrühren. Das Rindfleisch und die restliche Kokosmilch dazugeben. Die Dose zu einem Viertel mit Wasser füllen und die Flüssigkeit ebenfalls zum Rindfleisch geben. Alles etwa 3 Minuten sanft köcheln lassen.

♥ Auberginen aus dem Wasser nehmen, zusammen mit Chili, Fischsauce und Zucker zum Rindfleisch geben und alles ca. 2 Minuten garen lassen. Zum Schluss Thai-Basilikumblätter unterrühren und servieren.

Scharfes Rinderfilet

Für 4 Personen

500 g Rinderfilet
1/2 Tl Salz
1 rote Chilischote
4 thailändische Auberginen
   (ca. 200 g), ersatzweise
   1 europäische Aubergine
5 Stängel Thai-Basilikum
400 ml Kokosmilch
2 El grüne Currypaste
4 El Fischsauce
3 El Palmzucker

Zubereitungszeit: ca. 30 Minuten

Rinderfilet

ganz schön saftig

♥ Das Rinderfilet waschen, trocken tupfen, von Sehnen befreien und in etwa 1 cm große Würfel schneiden. In einer Schüssel mit Pfeffer, Sojasauce und Mehl vermengen, dann etwa 1 Stunde zugedeckt im Kühlschrank marinieren lassen.

♥ Inzwischen die Tongku-Pilze waschen und in heißem Wasser etwa 20 Minuten einweichen. Die Austernpilze putzen, feucht abreiben und in grobe Stücke schneiden. Frühlingszwiebeln putzen, waschen, längs halbieren und in etwa 3 cm lange Stücke schneiden. Chili putzen, waschen, längs halbieren und in Streifen schneiden. Knoblauch und Ingwer schälen und fein hacken.

♥ Tongku-Pilze etwas ausdrücken und vierteln. Öl in einer Pfanne oder im Wok stark erhitzen. Knoblauch, Ingwer und Fleischwürfel darin bei starker Hitze unter ständigem Rühren etwa 5 Minuten scharf anbraten, dann die Hitze reduzieren. Beide Pilzsorten, Frühlingszwiebeln, Austern- und Fischsauce und Zucker dazugeben und alles etwa 2 Minuten bei mittlerer Hitze garen lassen. Chilistreifen dazugeben und erhitzen, den Reiswein unterrühren und servieren.

liebe ist...

...wenn sie ihm Aufmerksamkeit schenkt

Nudeln mit Fleisch und Garnelen

ganz schön saftig

Für 4 Personen

- 2 El Erdnüsse
- 1 Limette
- 3 Stangen Staudensellerie
- 150 g Schweinefilet
- 150 g küchenfertige Garnelen
- 2 Knoblauchzehen
- 3 rote Chilischoten
- 250 g Sen-yai-Nudeln
  (lange flache Reisnudeln)
- Salz
- 2 El Fischsauce
- 2 Tl Zucker
- 4 große Blätter Eisbergsalat

Zubereitungszeit: ca. 20 Minuten

Erdnüsse ohne Fett goldbraun rösten, abkühlen lassen und mit dem Mixer mahlen. Die Limette auspressen. Staudensellerie waschen, putzen, trocken tupfen und in dünne Scheiben schneiden.

Schweinefilet waschen, trocken tupfen, Sehnen entfernen und quer zur Faser in dünne Scheiben schneiden. Die Garnelen am Rücken einschneiden, den dunklen Darm entfernen, waschen und trocken tupfen.

Knoblauch schälen und fein hacken, Chilis putzen, innen und außen waschen und ebenfalls fein hacken. Die Sen-yai-Nudeln in kochendem Salzwasser 2–3 Minuten blanchieren, dann in ein Sieb abgießen (das Wasser auffangen), abtropfen lassen und in eine Schüssel füllen.

Nudelwasser erneut aufkochen, Schweinefleisch und Garnelen hineingeben und ca. 3 Minuten garen. Dann herausheben und zu den Nudeln geben. Erdnüsse, Limettensaft, Staudensellerie, Knoblauch und Chilis zu den Nudeln geben, mit Fischsauce und Zucker würzen, alles gut miteinander vermengen. Salatblätter waschen, trocken tupfen und Nudelmischung auf dem Salat verteilen.

liebe ist...

...nur Augen füreinander zu haben

liebe ist...

...ihr die Sterne vom Himmel zu holen

80

♥ Die Shiitakepilze mit lauwarmem Wasser übergießen und ca. 30 Minuten quellen lassen. Die Entenbrüste waschen, trocken tupfen, häuten und in dünne Scheiben schneiden.

♥ Die Speisestärke mit 2 El Reiswein und 1 Prise Salz verrühren und diese Mischung mit dem Fleisch vermengen.

♥ Zwiebeln schälen und achteln, Staudensellerie putzen, waschen, trocken tupfen und in Scheiben schneiden. Die Zuckerschoten putzen, waschen und trocken tupfen, den Ingwer schälen und in sehr feine Stifte schneiden. Von den eingeweichten Pilzen die Stiele entfernen und die Kappen in Streifen schneiden.

♥ Öl erhitzen und Zwiebeln, Staudensellerie und Zuckerschoten etwa 2 Minuten andünsten. Dann den Ingwer und die Pilze dazugeben, weitere 2 Minuten dünsten. Schließlich die Entenbrust 2 Minuten mitbraten. Mit dem restlichen Reiswein und dem Fond ablöschen, mit Sichuan-Pfeffer würzen und alles weitere 3 Minuten köcheln lassen. Mit Reis und Sojasauce servieren.

ganz schön saftig

Entenbrust mit Zuckerschoten

Kross geröstete Entenbrust

ganz schön saftig

♥ Die Entenbrust waschen, trocken tupfen und in Streifen schneiden. Mit Honig und Sojasauce 30 Minuten marinieren.

♥ Die Karotten putzen, waschen, schälen und in breite Streifen schneiden. Die Frühlingszwiebeln putzen, in 3 cm große Stücke schneiden, waschen und trocknen. Die Austernpilze putzen und in Streifen schneiden.

♥ Die Hälfte des Öls im Wok erhitzen. Zuerst die Karottenstreifen, dann die Frühlingszwiebeln und die Pilzstreifen darin anbraten. Anschließend herausnehmen.

♥ Im restlichen Öl die Sesamsamen leicht anrösten, die marinierte Entenbrust dazugeben und scharf anbraten. Wenn die Haut knusprig wird, das Gemüse wieder zugeben, mit 100 ml Wasser ablöschen und gut vermischen.

Für 4 Personen

500 g Entenbrust mit Haut
2 El Honig
4 El dunkle Sojasauce
2 Karotten
2 Bund Frühlingszwiebeln
100 g Austernpilze
4 El Pflanzenöl
1 El Sesamsamen

Zubereitungszeit: ca. 15 Minuten

liebe ist...

...ein Gefühl der Wärme

83

Thailändisches Hühnercurry

ganz schön saftig

Für 4 Personen

5 rote getrocknete Chilischoten
2 Stängel Zitronengras
Salz
1/2 Tl Koriandersamen
1/2 Tl Kreuzkümmelsamen
1 Tl Garnelenpaste
1 Huhn (ca. 1,5 kg)
3 Knoblauchzehen
4 El Öl
450 ml Kokosmilch
3 Limetten
500 ml Hühnerbrühe
4 El Fischsauce
2 El Zucker
5 grüne Chilischoten

Zubereitungszeit: ca. 20 Minuten

♥ Getrocknete Chilischoten entkernen und für 5 Minuten in Wasser legen. Zitronengras waschen, putzen und den weißen Teil fein hacken. Chilis aus dem Wasser nehmen und mit 1/2 Tl Salz, Zitronengras, Koriander- und Kreuzkümmelsamen sowie der Garnelenpaste im Mörser zu einer Paste zerreiben.

♥ Huhn innen und außen waschen, trocken tupfen und in 10 Teile zerlegen. Knoblauch schälen und in dünne Scheiben schneiden. Öl im Wok oder in einer Pfanne erhitzen und Knoblauch ca. 2 Minuten andünsten. Dann die Hühnerteile dazugeben und rundherum goldgelb anbraten. Herausnehmen und beiseitestellen. In das verbliebene Fett die Gewürzpaste einrühren. Die Hälfte der Kokosmilch dazugeben und mit der Paste vermengen. Nun das Hühnchen zusammen mit der restlichen Kokosmilch dazugeben und aufkochen lassen.

♥ Limetten auspressen und Saft zusammen mit Hühnerbrühe, Fischsauce und Zucker zum Hühnchen geben. Alles weitere 15 Minuten sanft köcheln lassen. Die grünen Chilis putzen, innen und außen waschen und längs in dünne Scheiben schneiden. Das Curry portionieren und mit Chili bestreut servieren.

liebe ist...

...gemeinsam
Außergewöhnliches
zu erleben

85

liebe ist...

...wenn ein gebrochenes Herz sofort geheilt wird

ganz schön saftig

♥ Das Schweinefleisch waschen, trocken tupfen und in 2 cm große Stücke schneiden. In Fisch- und Austernsauce 10 Minuten marinieren. Limetten in Scheiben schneiden. Den Koriander waschen, trocken schütteln und die Blättchen abzupfen.

♥ Vier Bambuskörbchen mit Limettenscheiben auslegen, das Fleisch darauflegen und mit den Korianderblättern bestreuen. Die Körbchen verschließen.

♥ Im Wok etwas Wasser erhitzen, die Körbchen darüberstellen. Nach 5 Minuten die oberen Körbchen mit den unteren tauschen, damit alles gleichmäßig dämpft.

♥ Das gedünstete Fleisch noch für 6–8 Minuten abgedeckt stehen lassen und anschließend mit roten Pfefferkörnern bestreut servieren.

Schweinefilet mit Koriander

Für 4 Personen

600 g Schweinefilet
4 El Fischsauce
4 El Austernsauce
4 Limetten
1 Bund Koriander
4 Tl rote Pfefferkörner

Zubereitungszeit: ca. 25 Minuten

87

ganz schön zart –
raffinierte **Fischgerichte**
für den großen
Fang

89

Stockfisch in Rotwein-Sauce

ganz schön zart

♥ Den Stockfisch in Stücke schneiden und in reichlich kaltem Wasser 2 Tage einweichen, zwischendurch mehrfach das Wasser wechseln. Anschließend abgießen, Haut und Gräten entfernen und den Fisch in große Würfel schneiden.

♥ Den Backofen auf 225 °C vorheizen. Schalotten schälen, Knoblauch abwaschen. Die Tomaten einritzen, mit kochendem Wasser übergießen, anschließend häuten und halbieren. Die Stielansätze entfernen und Tomaten grob würfeln.

Für 4 Portionen

750 g Stockfisch
400 g Schalotten
1 ganze Knoblauchknolle
750 g Eiertomaten
1 unbehandelte Zitrone
125 g schwarze Oliven
1 Dose Kichererbsen
   (Abtropfgewicht ca. 240 g)
Salz
Pfeffer
3 Lorbeerblätter
100 ml trockener Rotwein
8 El Olivenöl

Zubereitungszeit: ca. 15 Minuten
(plus Einweich- und Garzeit)

liebe ist...

...wenn er sie an der Angel hat

liebe ist...

...den Sonnenuntergang
am Meer zu genießen

♥ 92

ganz schön zart

♥ Für die Sauce den Knoblauch und die Schalotten schälen und in feine Würfel schneiden. Die Chilis aufschneiden, die Kerne entfernen und innen und außen waschen. Dann trocken tupfen und fein hacken.

♥ Den weißen Teil des Zitronengrases mehrmals einritzen. Das Öl in einer Pfanne erhitzen und alle vorbereiteten Zutaten andünsten. Die Austernsauce, den Zitronensaft und ca. 80 ml Wasser hinzufügen, aufkochen und alles ca. 5 Minuten köcheln lassen.

♥ Die Kräuter waschen, trocken schütteln, einige Schnittlauchhalme beiseitelegen, den Rest hacken. Das Zitronengras aus dem Sud nehmen, die Kräuter in den Sud geben. Mit dem Stabmixer pürieren und mit Salz, Pfeffer und etwas Himbeersirup abschmecken. Alles abkühlen lassen.

♥ Für den Limettenschnee die Kartoffeln 20 Minuten gar kochen, die Milch erwärmen und die Butter darin schmelzen. Die noch heißen Kartoffeln pellen und durch die Kartoffelpresse drücken oder die Kartoffeln stampfen. Die Kartoffelmasse mit der Milch verrühren, die Limettenschale dazugeben und alles mit Salz und Pfeffer würzen.

♥ Die Doradenfilets in 2 cm breite Streifen schneiden, salzen und pfeffern. Im heißen Olivenöl etwa 5 Minuten braten, dann mit der Basilikumsauce mischen. Den Limettenschnee auf vier Teller häufen und die Doradenstreifen mit der Sauce daraufsetzen. Mit angedrückten rosa Pfefferbeeren bestreuen und mit den beiseitegelegten Schnittlauchhalmen garnieren.

Dorade mit Limettenschnee

93

liebe ist...

...ein romantisches Barbecue am Strand

94

ganz schön zart

♥ Das Fischfilet waschen, trocknen und in mittelgroße Würfel schneiden. Mit dem Zitronensaft beträufeln.

♥ Die Schalotten schälen und halbieren. Die Paprika putzen, waschen, halbieren, entkernen und in Stücke schneiden. Die Zucchini putzen, waschen und in Scheiben schneiden.

♥ Die Fischwürfel abwechselnd mit Schalotten, Paprika und Riesengarnelen auf Spieße stecken. Die Spieße mit Salz, Pfeffer, Kardamom- und Ingwerpulver würzen.

♥ Das Öl in einer Pfanne erhitzen und die Lachsspieße darin von allen Seiten ca. 6–8 Minuten braten. Herausnehmen, anrichten und servieren. Dazu passen Bandnudeln in Dillsauce.

Für 4 Portionen

600 g Lachsfilet
1 El Zitronensaft
6 Schalotten
1 rote Paprika
1/2 Zucchini
200 g geschälte, frische Riesengarnelen
Salz
Pfeffer
Kardamom- und Ingwerpulver
5–6 El Sesamöl

Zubereitungszeit: ca. 30 Minuten (plus Bratzeit)

Feine Lachsspieße

liebe ist...

...ihn mit Prosecco zu wecken

♥ Die Schalotten schälen und in feine Würfel schneiden. 4 El Olivenöl und einen Esslöffel Butter in einer Pfanne erhitzen. Die Schalotten darin andünsten. Parallel den Fischfond in einem zweiten Topf erhitzen. Den Reis zu den Schalotten geben und unter Rühren glasig dünsten. Champagner zugießen und alles leicht salzen. Den heißen Fischfond nach und nach unter ständigem Rühren zufügen. Das Risotto etwa 20 Minuten garen.

♥ Die Riesengarnelen waschen, trocken tupfen und im restlichen heißen Olivenöl von jeder Seite etwa 3 Minuten braten. Danach leicht salzen und pfeffern.

♥ Das Risotto ist dann gar, wenn es eine geschmeidige Konsistenz hat, aber noch ein wenig Biss. Dann mit Salz abschmecken. Kurz vor dem Servieren noch einen Esslöffel Butter unterrühren. Die Petersilie waschen, trocken schütteln und die Blättchen abzupfen und hacken.

♥ Die Riesengarnelen auf dem Risotto anrichten. Mit der Petersilie bestreuen.

Prosecco-Risotto mit Garnelen

Für 4 Portionen

2 Schalotten
8 El Olivenöl
2 El Butter
1 l Fischfond (aus dem Glas)
280 g Risotto-Reis
¼ l trockener Prosecco
Salz, Pfeffer
8 große, rohe,
   ausgelöste und entdarmte
   Riesengarnelenschwänze
1/2 Bund glatte Petersilie

Zubereitungszeit: ca. 30 Minuten
(plus Bratzeit)

97

Thunfisch-Carpaccio mit Sherry

ganz schön zart

Den Thunfisch waschen, abtrocknen und in Folie verpackt für etwa 2 Stunden in das Tiefkühlfach legen, damit er sich besser schneiden lässt.

Die Schalotte schälen und fein hacken. Das Olivenöl mit dem Sherry, dem Sherryessig, Salz und Pfeffer kräftig verrühren. Die Schalotte und die abgetropften Kapern damit vermischen.

Den angefrorenen Thunfisch in hauchdünne Scheiben schneiden. Diese auf Tellern anrichten und die Sauce darüberträufeln. Mit getoastetem Baguette und trockenem Sherry servieren.

Für 4 Portionen

350 g frischer Thunfisch
1 Schalotte
2 El Olivenöl extra vergine
2 El trockener Sherry
1 Tl Sherry-Essig
Salz
schwarzer Pfeffer
3 Tl kleine Kapern

Zubereitungszeit: ca. 10 Minuten
(plus Gefrierzeit)

liebe ist...

...wenn schon der Geschmack die Sehnsucht weckt

99

Sushi mit Thunfisch und Kaviar

ganz schön zart

Für 4 Portionen

125 g Sushi-Reis
1 El Reisessig
1 El Zucker
1/2 Tl Salz
2 Tl Wasabipulver
1 El Reiswein (Mirin)
etwas Essigwasser
ca. 50 g ganz frisches Fischfilet
   z.B. von Thunfisch oder Makrele
1/2 Noriblatt
3–4 El Forellen- oder Lachskaviar
   oder Seeigelrogen
Sojasauce zum Servieren

Zubereitungszeit: ca. 25 Minuten
(plus Gar- und Kühlzeit)

♥ Den Reis waschen und abtropfen lassen, anschließend mit 150 ml Wasser aufkochen und 10 Minuten quellen lassen. 15 Minuten im Topf ausdampfen lassen. Reisessig, Zucker und Salz aufkochen und abgekühlt unterrühren. Reis ganz abkühlen lassen.

♥ Wasabipulver mit 2 Tl Wasser und Mirin verrühren. Die Hände mit Essigwasser befeuchten und aus je 1 El Reis mit den Händen etwa 12 kleine ovale Klößchen formen.

♥ Fischfilet leicht schräg in 6 Scheiben schneiden. Mit der Hälfte der Wasabimischung bestreichen. Je 1 Scheibe Fisch in die linke Hand nehmen, ein Reisbällchen darauf legen und fest andrücken. Sushi umdrehen und in eine akkurate ovale Form drücken.

♥ Das Noriblatt ohne Fett von einer Seite kurz rösten, anschließend in ca. 3–4 cm breite Streifen schneiden und mit der restlichen Wasabimischung bestreichen. Restliche Reisklößchen mit einem Streifen Noriblatt so umwickeln, dass das Blatt oben übersteht.

♥ Den Reis darin noch etwas nach unten drücken und den entstandenen Raum mit Kaviar oder Rogen füllen. Nigiri-Sushi immer paarweise servieren. Dazu Sojasauce reichen.

liebe ist...

...wenn er etwas ganz Besonderes gefischt hat

101

liebe ist...

...wenn sie ihn mit Leckereien überrascht

ganz schön zart

♥ Garnelen entdarmen, waschen, abtrocknen, 4 geschälte Knoblauchzehen dazupressen. Mit Ingwer, Tamarinde, Kurkuma, Zucker, 1 Tl Salz und etwas Chilipulver vermischen. 10 Minuten ziehen lassen.

♥ Chilischoten putzen, halbieren, waschen, entkernen und klein schneiden.

♥ 5 geschälte und zerdrückte Knoblauchzehen in etwas Öl unter Rühren goldgelb braten. Garnelenmischung dazugeben und 1 Minute rührbraten.

♥ Kokosmilch und Chilischoten in den Wok geben. Alles aufkochen, mit Salz abschmecken und heiß servieren.

Für 4 Portionen

800 g küchenfertige Garnelen
9 Knoblauchzehen
1 Stück frisch geriebener Ingwer (ca. 7 cm)
4 Tl Tamarindenpaste
1/2 Tl Kurkuma
1/2 Tl Zucker
Salz
Chilipulver
3 El Pflanzenöl
2 frische grüne Chilischoten
375 ml Kokosmilch

Zubereitungszeit: ca. 20 Minuten
(plus Zeit zum Ziehen)

Prawns Maharadscha

liebe ist...

Für 4 Portionen

600 g Seezungenfilet
400 g Karotten
2 Kaffir-Limetten
1 El Austernsauce
2 El Fischsauce
4 El Pflanzenöl
3 El Sojasauce
1 Bund Thai-Basilikum

Zubereitungszeit: ca. 15 Minuten
(plus Marinierzeit)

...gemeinsam durch den Dschungel des Lebens zu ziehen

Seezunge mit Kaffir-Limetten

❤ Die Seezunge waschen, gut trocken tupfen und in 3 cm lange Streifen schneiden. Die Karotten waschen, putzen, schälen und der Länge nach halbieren, dann schräg in feine Scheiben schneiden. Die Kaffir-Limetten in dünne Scheiben schneiden.

❤ Die Seezungenstücke mit Austern- und Fischsauce marinieren und 30 Minuten ziehen lassen.

❤ Das Öl im Wok erhitzen, die Karottenscheiben langsam darin garen. Die Kaffir-Limettenscheiben und die Fischstücke dazugeben, vermischen und etwa 2 Minuten braten. Mit Sojasauce ablöschen und den gezupften Thai-Basilikum untermischen.

Provenzalischer Seeteufel

ganz schön zart

Für 4 Portionen

300 g grüner Spargel
   oder Wildspargel
7 El Olivenöl
6 Knoblauchzehen
1 Bund Dill
175 g schwarze Oliven
2 El Paniermehl
750 g Seeteufelfilet
Salz
Pfeffer
3–4 El kalt gepresstes
Olivenöl

Zubereitungszeit: ca. 20 Minuten
(plus Garzeit)

♥ Holzige Spargelenden abschneiden. Den Spargel im unteren Drittel schälen und in ca. 8 cm lange Stücke schneiden. Den Backofen auf 225 °C vorheizen. 4 El Olivenöl in eine Auflaufform geben und stark erhitzen.

♥ Den Knoblauch schälen und in feine Scheibchen hobeln. Den Dill waschen, trocken schütteln und die Blättchen von den Stielen zupfen. Die Oliven entsteinen und fein hacken. Die Oliven mit 3 El Olivenöl und dem Paniermehl vermischen.

♥ Die Fischfilets vom Mittelknochen ablösen, waschen, trocken tupfen, salzen und pfeffern. Fisch und Spargel in die heiße Auflaufform legen und im Backofen bei 225 °C ca. 15 Minuten garen lassen.

♥ Den Backofengrill auf 250 °C schalten und die Oliven-Paniermehl-Masse auf dem Spargel verteilen. Alles ca. 3 Minuten grillen.

♥ Knoblauch und Dill in kalt gepresstem Olivenöl nur kurz andünsten. Der Knoblauch darf dabei nicht braun werden, sonst schmeckt er bitter. Den provenzalischen Seeteufel auf einem Spargelbett anrichten und mit der Knoblauch-Dill-Sauce beträufelt servieren.

liebe ist...

...wenn sie seine Muse ist

♥ 107

Shrimpsnudeln

Für 4 Portionen

4 Hähnchenkeulen
2 El Maiskeimöl
1/2 Tl Currypulver
1/2 Tl Paprikapulver
1 Msp. Ingwerpulver
Pfeffer
Salz
2 rosa Grapefruits
1 Bund Frühlingszwiebeln
250 g feine Shrimpsnudeln
4 El Pflanzenöl
2 El frischer grüner Pfeffer
1 El Shrimps-Chili-Flakes

ganz schön zart

♥ Die Hähnchenkeulen waschen, trocken tupfen, das Fleisch von den Knochen lösen und in Stücke schneiden. In Öl, Curry, Paprika, Ingwer, Pfeffer und Salz marinieren und 10 Minuten ziehen lassen. Die Grapefruits schälen und filetieren, den Saft dabei auffangen. Die Frühlingszwiebeln putzen, waschen, trocken schütteln und in Ringe schneiden.

♥ Die Shrimpsnudeln nach Packungsanweisung kochen, abgießen und noch heiß im Wok in etwas kaltem Öl und Grapefruitsaft schwenken. Anschließend herausnehmen.

♥ Das Fleisch im restlichen heißen Öl im Wok rundherum anbraten. Die Nudeln zugeben und gut verrühren. Anschließend angedrückte grüne Pfefferkörner, Frühlingszwiebeln und Chiliflakes zugeben.

♥ Zum Schluss die Grapefruitfilets zugeben und vorsichtig unterheben.

liebe ist...

...wenn der Weg zum Glück führt

109

liebe ist...

...gemeinsam den Sonnen-
untergang am Strand zu genießen

♥ Die Gambas unter fließendem Wasser waschen und auf Küchenpapier trocknen lassen. Anschließend in eine Porzellanschale legen. Den Koriander waschen, trocken schütteln und die Blättchen abzupfen.

♥ Den Knoblauch schälen und fein würfeln, das Zitronengras in Ringe schneiden, den Ingwer schälen und fein reiben. In einer Schüssel mit Curry, 3 El Erdnussöl und Sojasauce vermischen und über die Gambas geben. Etwa 2 Stunden mit Folie abgedeckt im Kühlschrank ziehen lassen.

♥ Die Gambas aus der Marinade nehmen, das restliche Erdnussöl im Wok erhitzen und die Gambas von beiden Seiten etwa 2 Minuten braten.

♥ Zum Schluss die restliche Marinade und den Fischfond oder das Wasser darübergeben und durchschwenken. Mit gezupften Korianderblättern garniert servieren.

ganz schön zart

Gebratene Gambas

Für 4 Portionen

20 frische Gambas mit Kopf
1/2 Bund Koriander
1 kleine Knoblauchzehe
1 Stängel Zitronengras
1 daumengroßes Stück Ingwer
1/2 Tl Currypulver
5 El Erdnussöl
2 El Sojasauce
50 ml Wasser oder Fischfond

Zubereitungszeit ca. 15 Minuten

liebe ist...

...gemeinsam auf Wolken zu schweben

112

ganz schön zart

Jakobsmuscheln

❤ Brokkoli waschen, putzen und in kleine Röschen teilen. Sellerie waschen, putzen, in 3 cm lange Stücke und diese längs in feine Streifen schneiden. Möhren waschen, putzen und ebenfalls in ca. 3 cm lange Streifen schneiden. Jakobsmuscheln waschen und trocken tupfen. Knoblauch schälen und fein hacken.

❤ Das Öl im Wok oder einer Pfanne erhitzen und den Knoblauch unter ständigem Rühren ca. 2 Minuten goldgelb braten. Dann die Jakobsmuscheln und den Brokkoli zufügen. Nach und nach bis auf den Pfeffer die restlichen Zutaten unterrühren. Sobald alles gar ist, mit Pfeffer würzen und mit Reis servieren.

Für 4 Portionen

200 g Brokkoli
4 Stangen Staudensellerie
3 mittelgroße Möhren
24 Jakobsmuscheln ohne Schale
8 Knoblauchzehen
6 El Öl
8 El Austernsauce
2 Tl Zucker
Pfeffer

Zubereitungszeit: ca. 20 Minuten

liebe ist...

...wenn kein Hindernis sie trennen kann

💚 Den Backofen auf 200 °C vorheizen. Knoblauch schälen und fein hacken. Petersilie waschen, trocken schütteln und fein hacken. Garnelen waschen und abtropfen lassen, eventuell vorher entdarmen.

💚 Das Öl erhitzen und Knoblauch darin anbraten. Die Chilischote zerbröseln und zufügen. Petersilie 2 Minuten unter Rühren mitbraten

💚 Garnelen zugeben und die Gemüsebrühe angießen. Im Backofen bei 200 °C etwa 15 Minuten garen lassen. In jede Garnele ein Holzspießchen stecken und Garnelen in dem Sud servieren. Dazu passt Weißbrot.

Für 4 Portionen

5 Knoblauchzehen
1/2 Bund Petersilie
24 große, geschälte Garnelen
3 El Olivenöl
1 getrocknete rote Chilischote
100 ml Gemüsebrühe
Holzspießchen

Zubereitungszeit: 10 Minuten
(plus Garzeit)

💚 **114**

ganz schön zart

Knoblauch-Garnelen

115

Sesamlachs mit Spinat

ganz schön zart

💚 Den Lachs waschen, trocken tupfen und in Streifen schneiden. Mit Fischsauce etwa 10 Minuten marinieren. Die Champignons putzen und in Scheiben schneiden. Den Spinat putzen, waschen und trocken schütteln.

💚 Pflanzen- und Sesamöl im Wok erhitzen, die Champignons darin kurz und scharf anbraten, den Spinat zufügen und zusammenfallen lassen.

💚 Das Gemüse an den Rand des Woks schieben, die Lachsstücke in die Mitte geben. Mit Sesamsamen bestreuen und vorsichtig braten. Beim Wenden darauf achten, dass der Fisch nicht zerfällt.

💚 Zum Schluss das Gemüse mit dem Fisch vorsichtig vermischen und mit Sambal Oelek würzen.

Für 4 Personen

500 g Lachsfilet
4 El Fischsauce
200 g Champignons
400 g frischer Blattspinat
2 El Pflanzenöl
2 El Sesamöl
1 El Sesamsamen
1 Tl Sambal Oelek

Zubereitungszeit ca. 30 Minuten

liebe ist...

...wenn die Chemie stimmt

117

liebe ist...

...*wenn es nie zu spät ist*

ganz schön zart

💙 Die Miesmuscheln waschen, geöffnete Exemplare entfernen. Wasser im Wok erhitzen und die Muscheln so lange kochen, bis sie sich öffnen. Exemplare, die sich nicht öffnen, entfernen. Insgesamt sollten pro Kopf mindestens 12 Muscheln berechnet werden.

💙 Von den verzehrfertigen Muscheln eine der beiden Schalen abbrechen und entfernen, die Muschelhälften mit Muschelfleisch beiseitestellen. Die Knoblauchzehen schälen, die Hälfte fein hacken, die andere Hälfte in dünne Scheiben schneiden. Die Frühlingszwiebeln waschen, putzen und fein hacken, die Chilischoten putzen, innen und außen waschen und fein hacken. Koriander waschen, trocken schütteln und die Blättchen abzupfen.

💙 Den fein gehackten Knoblauch zusammen mit der gekörnten Brühe, dem Zucker und der Sojasauce über die Muscheln verteilen. Das Erdnussöl erhitzen und die Knoblauchscheiben darin goldgelb braten. Auf Küchenkrepp abtropfen lassen. Die Muscheln portionsweise in einem Dämpfkorb bei starker Hitze über kochendem Wasser etwa 3 Minuten garen, mit gebratenem Knoblauch, Chilischoten, Frühlingszwiebeln und Korianderblättchen bestreuen und servieren.

Chilimuscheln mit Knoblauch

Für 4 Personen

ca. 60 Miesmuscheln
16 Knoblauchzehen
4 Frühlingszwiebeln
3 rote Chilischoten
1/2 Bund Koriander
4 Tl gekörnte Brühe
4 Tl Zucker
2 El Sojasauce
4 Tl Erdnussöl

Zubereitungszeit ca. 40 Minuten

119

ganz schön süß – köstliche Desserts als Snack danach

Melonen-Sorbet

Für 8 Portionen

700 g Fruchtfleisch einer Galiamelone
100 g Puderzucker
3 El Zitronensaft
75 ml Apfelsaft
2 Galia- oder Cantaloupmelonen
Minzeblättchen zum Dekorieren

Zubereitungszeit: ca. 15 Minuten
(plus Zeit zum Ziehen und Gefrieren)

122

ganz schön süß

♥ Das Melonenfruchtfleisch klein schneiden und im Mixer pürieren.

♥ Dann mit dem Puderzucker mischen und 30 Minuten durchziehen lassen. Zitronen- und Apfelsaft unterrühren.

♥ Die Masse in eine Schüssel geben und im Gefrierschrank mindestens 2 Stunden gefrieren lassen. Zwischendurch mehrmals umrühren. Anschließend portionieren und weitere 15 Minuten gefrieren.

♥ Die Melonen in Spalten schneiden, die Kerne entfernen. Die Melonenspalten auf Tellern anrichten und pro Spalte mit einer Kugel Melonensorbet versehen, oder die Melonenspalten auf die Sorbet-Gläser verteilen. Mit Minzeblättchen verzieren.

liebe ist...

...die Kunst der Verführung

123

liebe ist...

SCHÖNEN HOCHZEITSTAG

...wenn man am Jahrestag etwas Besonderes macht

124

ganz schön süß

Terrine mit Mohnsauce

💛 Orangen schälen, die weiße Haut entfernen und Filets herausschneiden. Dabei den Saft auffangen. Orangenreste auspressen, Saft mit Puderzucker in einen Topf geben und auf dem Herd um die Hälfte reduzieren. Anschließend nicht mehr kochen. Gelatine erst einweichen und dann im Saft auflösen.

💛 Crème double unter die etwas abgekühlte Masse rühren, Filets unterheben. Fruchtmasse in 4 Förmchen füllen und kalt stellen.

💛 Die Kuvertüre auflösen, mit Crème fraîche, Zucker und Arrak schaumig mixen und den Mohn unterheben. Die Terrinen stürzen und mit der Mohnsauce anrichten.

Für 4 Portionen

4 Blutorangen
40 g Puderzucker
4 El Blatt weiße Gelatine
200 g Crème double
40 g weiße Kuvertüre
200 ml Crème fraîche
50 g Zucker
2 El Arrak
40 g frisch gemahlener Mohn

Zubereitungszeit: ca. 20 Minuten
(plus Kühlzeit)

Blutorangen-Prosecco-Gelee

Für 6 Portionen

5 Blatt weiße Gelatine
6 Orangen
250 ml Blutorangensaft
250 g Zucker
200 ml Prosecco
150 ml Sahne
1 El Vanillinzucker
150 g Naturjoghurt
1 El Zitronensaft
Zitronenmelisse zum Garnieren

Zubereitungszeit: ca. 20 Minuten
(plus Kühlzeit)

ganz schön süß

♥ Gelatine in kaltem Wasser einweichen. Orangen schälen und auch die weiße Haut entfernen, die Filets herausschneiden und abtropfen lassen, den Saft auffangen. Die Filets auf Gläser verteilen und kalt stellen.

♥ Orangensaft mit Blutorangensaft und Zucker verrühren und leicht erwärmen. Gelatine ausdrücken und unter Rühren darin auflösen, ca. 5 Minuten abkühlen lassen.

♥ Prosecco unterrühren und die Saftmischung auf die Orangenfilets gießen. Abgedeckt im Kühlschrank 5 Stunden erstarren lassen.

♥ Die Sahne mit dem Vanillinzucker steif schlagen. Joghurt mit Zitronensaft glatt rühren und Sahne darunterziehen. Mit etwas gewaschener Zitronenmelisse garnieren.

liebe ist...

...ein prickelnder Kuss

127

Schokoladen-Mousse

ganz schön süß

💜 Die Eier trennen. Das Eiweiß mit 1 Prise Salz steif schlagen, danach die Sahne ebenfalls steif schlagen.

💜 Die Schokolade im Wasserbad unter Rühren schmelzen. Das Eigelb mit dem Zucker schaumig rühren.

💜 Die geschmolzene Schokolade aus dem Wasserbad nehmen, leicht abkühlen lassen und dann mit der Eigelb-Masse gleichmäßig vermengen.

💜 Anschließend vorsichtig erst die steife Sahne, dann den Eischnee unterheben. Die fertige Mousse in eine Glasschüssel oder in Desserttassen füllen und über Nacht kühl stellen.

💜 Zum Servieren mit einem Eisportionierer Mousse-Bällchen auf Teller verteilen und mit Schokoladensauce verzieren oder die Schokoladensauce auf die Tassen verteilen.

Für 8 Portionen

3 Eier
Salz
250 ml Sahne
200 g weiße Schokolade
50 g Zucker
Schokoladensauce

Zubereitungszeit: ca. 20 Minuten
(plus Zeit zum Kühlen)

liebe ist...

...etwas Süßes im Bett

129

Limetten-Granita

ganz schön süß

💜 250 ml Wasser erwärmen und den Zucker darin auflösen. Anschließend abkühlen lassen.

💜 Den Limettensaft mit Zuckerwasser und Weißwein verrühren. In eine kältebeständige Schüssel füllen und 5 Stunden gefrieren lassen. Beginnt die Flüssigkeit am Rande zu gefrieren, mit einem Esslöffel gut durchrühren.

💜 Während der Gefrierzeit diesen Vorgang 5 bis 6 Mal wiederholen. Je öfter umgerührt wird, desto feiner wird die Granita. In 6 gekühlte Gläser je 1 Esslöffel Likör geben.

💜 Die Granita mit einem Löffel abschaben und in Gläser oder Schälchen füllen. Mit Minzeblättern garnieren und sofort servieren.

Für 6 Portionen

80 g Zucker
500 ml Limettensaft
150 ml Weißwein
6 El Orangenlikör
1 Zweig frische Minze

Zubereitungszeit: ca. 20 Minuten
(plus Gefrierzeit)

liebe ist...

...wenn es ohne ihn langweilig ist

131

Champagner-Terrine

ganz schön süß

♥ Das vorbereitete Obst mit dem Zucker und etwas Wasser aufkochen. Die Gelatine in kaltem Wasser einweichen.

♥ Das Obst aus dem Topf nehmen und die Gläser halb voll damit füllen. Die ausgedrückte Gelatine im heißen, aber nicht mehr kochenden Obstsaft unter Rühren auflösen, mit Champagner und Zitronensaft auf 750 ml auffüllen.

♥ Die warme Flüssigkeit über die Früchte gießen und über Nacht im Kühlschrank fest werden lassen.

♥ Die Sahne mit dem Vanillezucker halb steif schlagen und auf den Gläsern verteilen.

Für 4 Portionen

1 kg küchenfertige, gemischte
   Früchte z.B. Erdbeeren,
   Himbeeren, Brombeeren,
   Blaubeeren und Kirschen
100 g Zucker
9 Blatt weiße Gelatine
ca. 350 ml Champagner
2–3 El Zitronensaft
300 ml Sahne
2 P. Bourbon-Vanillezucker

Zubereitungszeit: ca. 25 Minuten
(plus Kühlzeit)

liebe ist...

...Genuss mit Schuss

133

liebe ist...

...wenn sie für ihn
das Süßeste ist

ganz schön süß

Himbeerquark

♥ Den Sahnequark mit dem Zucker oder dem Honig und dem Zitronensaft verrühren.

♥ Die Himbeeren verlesen, waschen und vorsichtig trocken tupfen.

♥ Abwechselnd Quark und Himbeeren in eine Schüssel schichten oder dekorativ auf Tumbler verteilen. Dabei einige Himbeeren für die Dekoration zurückbehalten.

♥ Den Himbeer-Quark für einige Stunden kühl stellen. Mit Minzeblättchen und den restlichen Himbeeren dekorieren.

Für 6 Portionen

600 g Sahnequark
5 El Zucker oder Honig
1 El Zitronensaft
600 g frische Himbeeren
Minzeblättchen zum Garnieren

Zubereitungszeit: ca. 20 Minuten

liebe ist...

...wenn er ihr Herz stiehlt

♥ Den Backofen auf 175 °C (Umluft 155 °C) vorheizen. 50 g Zucker mit dem Orangensaft und der Marmelade in einem kleinen Topf verrühren und aufkochen.

♥ Den Boden einer feuerfesten Auflaufform mit der Orangenmasse bedecken und im Kühlschrank gelieren lassen. Die Eier mit dem restlichem Zucker verrühren, mit dem Schneebesen Sahne und Milch untermischen.

♥ Die Orange heiß abwaschen, die Hälfte der Schale abreiben und die Frucht in Scheiben schneiden. Die Orangenschale unter die Eier-Sahne-Creme rühren. Diese dann durch ein Sieb in die Form streichen und im Wasserbad (in die Fettpfanne Wasser füllen und Form hineinstellen) im Ofen etwa 40 Minuten stocken lassen. Abkühlen lassen, stürzen und mit Orangenscheiben garniert servieren.

ganz schön süß

Orangen-Flan

137

Beerenkaltschale

ganz schön süß

♥ Die Beeren waschen und verlesen. Einige zum Garnieren zurücklegen. Den Rest mit einer Gabel zerdrücken.

♥ Den Zitronensaft, den Vanillinzucker und den Zucker zur Beerenmasse dazugeben, unterrühren und das Ganze kurz durchziehen lassen.

♥ Ein Drittel der Beeren auf 4 Suppenteller verteilen. Den Rest mit der Buttermilch und den Haferflocken verrühren.

♥ Die Kaltschale in die Teller geben. Mit gemahlenen Haselnüssen bestreuen. Mit den zurückgelegten Beeren garnieren.

Für 4 Portionen

500 g gemischte Beeren
   (z. B. Himbeeren, Brombeeren,
   schwarze Johannisbeeren,
   Heidelbeeren)
3 El Zitronensaft
1 P. Vanillinzucker
75 g Zucker
500 ml Buttermilch
4 El blütenzarte Haferflocken
2 El gemahlene Haselnüsse

Zubereitungszeit: ca. 20 Minuten

liebe ist...

*...wenn er weiß,
was sie am liebsten mag*

139

Karibische Creme

Für 4 Portionen

2 Eier
30 g Zucker
1⁄2 Päckchen Vanillezucker
300 ml Milch
90 g Zartbitterschokolade
1⁄2 El Zimtpulver
10 g gemahlene Gelatine
150 ml Sahne
Fett für die Förmchen

Zubereitungszeit: ca. 30 Minuten
(Zeit zum Festwerden)

140

ganz schön süß

Die Eier trennen. Eigelb mit Zucker und Vanillezucker zu einer dicklichen Creme aufschlagen.

Die Milch erwärmen, die Schokolade zerkleinern und mit dem Zimtpulver zur Milch geben. Unter Rühren die Schokolade schmelzen, dann den Topf vom Herd nehmen. Leicht abkühlen lassen und dann mit der Eigelbmasse vermengen.

Die Gelatine in 4 Esslöffel kaltes Wasser rühren, im Wasserbad erwärmen und unter Rühren auflösen. Aus dem Wasserbad nehmen und leicht abkühlen lassen. Gelatine unter die Schokoladencreme rühren und andicken lassen.

Die Sahne steif schlagen, das Eiweiß ebenfalls. Zuerst die Sahne unter die angedickte Creme rühren, dann den Eischnee. Die Creme in 4 gefettete Förmchen füllen und im Kühlschrank fest werden lassen. Vor dem Servieren auf eine Platte stürzen und nach Belieben garnieren.

liebe ist...

...eine dunkle Versuchung

141

liebe ist...

...wie das Soufflee zum Kaffee

ganz schön süß

 Die Kuvertüre zerkleinern. Den Backofen auf 180 °C (Umluft 160 °C) vorheizen.

 Milch und Butter in einen Topf geben und aufkochen. Die Eier trennen, Eigelb mit Speisestärke und 50 g Zucker verrühren und etwas heiße Milch zugeben. Mit dem Schneebesen gut verrühren. Dann in den Topf geben und unter Rühren andicken lassen. Den Topf vom Herd nehmen.

 Die zerkleinerte Kuvertüre hinzufügen und unterrühren, bis sie geschmolzen ist.

 Eiweiß zu Schnee schlagen und die Hälfte unter die Schokoladenmasse heben. Die andere Eischneehälfte mit der geraspelten Schokolade mischen und unter die Souffleemasse geben.

 Eine Souffleeform (etwa 850 ml) oder 4 kleine Förmchen einfetten und mit dem restlichen Zucker ausstreuen. Die Souffleemasse einfüllen und etwa 45 Minuten backen, bis das Soufflee aufgegangen ist.

 Das fertige Soufflee mit Kakaopulver bestreuen, nach Belieben garnieren und noch heiß servieren.

Schokoladen-Soufflee

Für 4 Portionen

100 g weiße Kuvertüre
300 ml Milch
25 g Butter
4 Eier
1 El Speisestärke
60 g Zucker
100 g geraspelte
  weiße Schokolade
Fett für die Form
Kakaopulver zum Bestreuen

Zubereitungszeit: ca. 40 Minuten
(plus Backzeit)

143